Karl Schönafinger

AF215960

13 todsichere Pilze
(ohne Gewehr!)

Herstellung und Verlag:
BoD - Books on Demand, Norderstedt
ISBN 978-3-7460-3341-9

Inhalt

Karl Schönafinger

13 todsichere Pilze

(ohne Gewehr!)

Ein ernst gemeintes Vorwort

Eine 100%ige Sicherheit beim Verzehr von Pilzen kann niemand gewähren. Diese Sicherheit gibt es im Leben schlichtweg nicht.
In dem vorliegenden Büchlein werden 13 Speisepilze vorgestellt, die ich mehrfach gefunden, gekocht oder gebraten und gegessen habe, ohne auch nur die leiseste Übelkeit verspürt zu haben. Eine Garantie kann trotzdem nicht gegeben werden, da Verwechslungen oder individuelle Unverträglichkeiten nie ganz sicher ausgeschlossen werden können.

Im Anhang werden, farbig unterlegt, weitere Bilder von Pilzen gezeigt, die mir aufgrund ihrer Seltenheit oder Schönheit im Wald aufgefallen sind.

Im Zweifel lassen Sie bitte die Pilze stehen oder lesen Sie weiterführende Literatur und fragen Sie einen Pilzkenner und/oder Apotheker.

Bei diesen Pilzen, 13 an der Zahl,
und wohl bestimmt ein jedes Mal,
im Zweifel gar nicht angerührt,
ist Sicherheit fast garantiert,
den Magen sich nicht zu verderben
und an Vergiftung nicht zu sterben.

**Doch geb' ich dafür nicht Gewähr,
auch kein Gewehr zur Giftabwehr!**

Röhrlinge

Diese Pilze erkennt man gut, sie haben unter ihrem Hut
die Röhren, die den Namen gaben. Auch einen Stiel sie immer haben.
Röhren und Hut kann man meist gut trennen.
Auch daran kann man sie erkennen.

1. Birkenpilz (Kapuziner)

Jung ein guter, sonst ein mittelmäßiger Speisepilz

Der Birkenpilz wohl durch den Stamm auf diesen seinen Namen kam.
Auch könnt' der Standort unter Birken des Pilzes Namenteils erwirken.

<u>Hut:</u>	glatt, braun, meist dunkelbraun, manchmal auch hellbraun oder graubraun, feucht etwas klebrig
<u>Röhren:</u>	feinporig, im jungen Zustand weiß, später schmutzig grau
<u>Stiel:</u>	schlank, **dunkel geschuppt ähnlich einem Birkenstamm**, zum Hut hin verjüngend, bei alten Pilzen zäh werdend
<u>Fleisch:</u>	weiß, jung fest, später etwas schwammig
<u>Vorkommen:</u>	in der Nähe von Birken oder eines Birkenbaumstumpfs
<u>Verwechslung:</u>	mit der ebenfalls essbaren Rotkappe (siehe unten)

Ein mittelalter und ein junger Birkenpilz

2. Rotkappe

Ein wohlschmeckender Speisepilz

Der Stiel sieht aus, wie beim Pilz vorher,
Der Hut hingegen ist rötlicher.
Nicht weh hier die Verwechslung tut,
Zum Essen sind ja beide gut!

Hut: **rotbraun,** bei der Espenrotkappe hell orangerotbraun, bei der Birkenrotkappe dunkler orangerotbraun, jung kugelig, später ausgebreitet, im trockenen Zustand samtige Oberfläche

Röhren: grauweiß, später schmutzig grau

Stiel: weiß, faserig, bei jungen Pilzen kräftig, **mit rotschwarzen Schüppchen**

Fleisch: fest, weiß bis grauweiß, im Schnitt schwach schwärzend

Vorkommen: Unter Zitterpappeln (Espen) (Espenrotkappe), unter Birken und anderen Laub- und Nadelbäumen (Birkenrotkappe)

Verwechslung: Mit dem Birkenpilz, der einen ähnlichen Stiel aber keinen Rot-Ton in der Farbe des Hutes hat, beide sind Speisepilze

Espenrotkappen (oben fast erwachsen, unten jung und knackig)

3. Goldröhrling

Schmeckt aromatisch, aber sein Fleisch ist weich und etwas schwammig.

Der Goldröhrling, den ich bei Regen fand,
Der glitt mir schleimig aus der Hand:
So lag er da, paniert mit Sand.
Das gab dann einen Waschaufwand.

<u>Hut:</u>	**goldgelb**, manchmal schwach rotbräunlich, glatt, bei Nässe sehr glitschig und schleimig werdend
<u>Röhren:</u>	großporig, jung hellgelb, später gelbbräunlich
<u>Stiel:</u>	gelb, mit bräunlichen Flecken am unteren Stielbereich
<u>Ring:</u>	weiß bis gelbbräunlich, hautig, nach oben stehend, nicht beweglich, **bedeckt als Schleier bei jungen Pilzen die Röhren,**
<u>Fleisch:</u>	**gelb und weich**
<u>Vorkommen:</u>	eine Lärche steht stets in der Nähe
<u>Verwechslung:</u>	mit dem Butterröhrling, dieser hat aber einen dunkelbraunen Hut und ist auch essbar (manche Menschen vertragen ihn allerdings nicht gut!)

Hutober- und Hutunterseite eines erwachsenen Goldröhrlings

4. Hexenröhrling (flockenstielig)

Die Farben sehen giftig aus, doch ist der Pilz ein guter Schmaus!

Der Kerl, auch Schusterpilz genannt,
Ist vielen nicht so wohlbekannt.
Er wird gemieden, denn seine Farben,
An Schnittstellen und kleinen Narben,
Die sehen grünblau und giftig aus:
Den nimmt man deshalb nicht nach Haus.
Ja, roh mag er nicht sehr bekömmlich sein,
Gegart jedoch schmeckt er knackig und fein!

<u>Hut:</u>	samtig braun bis dunkelbraun, jung kugelig, bei Nässe ein wenig schmierig
<u>Röhren:</u>	dunkelrot, bei Verletzung und an Druckstellen blauend
<u>Stiel:</u>	rot flockig geschuppt auf gelblichem Grund, kein Netz, jung dick, sehr kompakt, später etwas gestreckt

Fleisch: fest, **intensiv gelb, beim Anschnitt sofort von Gelb über Grün ins Blau wechselnd, s**ehr selten wurmig, verliert beim Braten die Blaufärbung und wird braun

Vorkommen: in Laub- und Nadelwäldern

Verwechslung: mit Satansröhrling (sehr selten!), dieser hat einen fast weißen Hut und ein nur schwachblauendes, weißes Fleisch; mit dem Netzstieligen Hexenröhrling, der ein rötliches Stielnetz und eine hellbraune Hutfarbe besitzt und ebenfalls essbar ist; mit dem Schönfußröhrling, der gelb bis olivgrüne Röhren und einen hellgraubraunen Hut besitzt.

Der Flockenstielige Hexenröhrling ist ganz selten madig. In diesem jungen „Hexenhaus" nebenan hat es sich allerdings ein Mistkäfer gemütlich gemacht

Ein Exemplar mit seltsamer Hutfärbung

Die Form junger Hexenröhrlinge ähnelt jungen Steinpilzen sehr

5. Maronen-Röhrling

Ein schmackhafter, etwas schwammiger Speisepilz

Maronen sind kastanienbraun,
Versteckt im Wald, schön anzuschau'n.
Wenn jung sie sich im Moose zeigen,
Wirst du wohl sie zu pflücken neigen.
Und blaue Flecken sie gleich spüren
Bei jedem unsanften Berühren.
Oft findest du sie in großer Zahl,
Zum Sattwerden reicht's dann allemal.

<u>Hut:</u>	kastanienbraun, trocken feinfilzig, nass glitschig
<u>Röhren:</u>	jung hellgelb bis hellgrünlich, später grünbräunlich, **Druckstellen blauend**, vom Hutfleisch gut ablösbar
<u>Stiel:</u>	gelb bis bräunlich, mit senkrechten dunkleren Streifen, nur bei jungen Exemplaren bauchig, längsfaserig, kein Netz
<u>Fleisch:</u>	weißgelblich, nass glitschig, nicht so fest wie beim Steinpilz
<u>Vorkommen:</u>	in Nadel-, besonders Kiefernwälder, gerne in moosigen Bereichen, häufig

Maronen-Röhrlinge

Junge Exemplare können mit dem Steinpilz verwechselt werde.

Maronen (links) verglichen mit zwei Steinpilzen (rechts): Unterschiede in der Hutfarbe, Stielform (schlank und meist gerade bei der Marone, dick und birnenförmig bei jungen Steinpilzen), Stielnetz und in der Farbe und Konsistenz des Stielfleisches.

6. Steinpilz

Für viele Leute der beste Speisepilz

Der Pilz ist eine wahre Pracht
Und ihn zu finden Freude macht.
Durch seine Farben gut versteckt
Er seinen Hut aus Erden streckt.
Gern steht er still am Hohlwegrand
An Böden mag er Lehm und Sand
Oft steht er schweigend im Gebüsch
Und ist beim Baum nicht wählerisch.
Und niemand es genau wohl weiß,
Warum der Kerl denn Steinpilz heißt.

Hut: hellbraun bis dunkelbraun, auch graubraun, junge
Exemplare unter dem Laub auch weiß, am Rand
oft hell, jung kugelig, später flacher, im nassen
Zustand nur wenig klebrig, glatt, nicht filzig

<u>Röhren:</u>	jung weiß, fein, später grüngelb bis olivgrün, lösen sich leicht vom Hutfleisch
<u>Stiel:</u>	jung sehr bauchig und hart, weiß, manchmal bräunlich weiß, **mit weißem Netz**
<u>Fleisch:</u>	**weiß**, fest, im Alter schwammig, **keine Verfärbung bei Verletzung**
<u>Verwechslung:</u>	mit dem Gallenröhrling, der ein dunkles Stielnetz, rosa gefärbte Röhren hat und ungenießbar bitter schmeckt, eine kleine Geschmacksprobe wird Sicherheit bringen! Mit dem Maronen-Röhrling (siehe S. 18)

Steinpilze sehen schon lecker aus!

Zum Vergleich: Ein Steinpilz (oben) und 2 Gallenröhrlinge (unten)

<u>Unterscheidungsmerkmale:</u> Hut meist graubraun, Stiel weicher als beim Steinpilz, Röhren rosa, Stiel mit dunklem Netz, bitter im Geschmack

Lamellenpilze

Anstelle der Röhren haben diese Gesellen unter ihrem Hut Lamellen.

7. Pfifferling

Ein allseits beliebter und vorzüglicher Speisepilz

Wer den Pfifferling nicht ehrt, der ist keinen Pfifferling wert.

Pfifferling, gelbes Ding, schmeckt so gut in Saucen drin.

Hut:	**dottergelb**, manchmal weißgelb, anfangs klein und rundlich, später trichterförmig und wellig mit ungleichmäßig eingerolltem Rand, glatte Oberfläche,
Lamellen:	gleiche Farbe wie Hut und Stiel, **am Stiel herablaufend**
Stiel:	meist dünn, Farbe wie Hut, oben von Lamellen bedeckt, unten dünner werdend
Fleisch:	fest, gelb, Stielfleisch etwas zäh und faserig
Vorkommen:	nur noch selten, meist gesellig, in Laub- und Nadelwäldern

Verwechslung: mit dem falschen Pfifferling, der einen dünneren, leicht
biegsamen Stiel und eine rötliche Farbe besitzt, sein Hut ist
außerdem dünner und wackeliger, außerdem fehlt ihm der
typische, angenehme Geruch des echten Pfifferlings.

Oben versteckt und geduckt, unten dieselbe Pfifferling-Gruppe teilentblößt

8. Reizker

Gut erkennbar: Der austretende, karottenrote Saft, die ebenso gefärbten
Lamellen, der hohle Stiel und der orangesilbrige Hut mit Krempe

Zu Reizkern, in Butter scharf angebraten,
Kann ich jedem Feinschmecker nur raten.

Hut:	flach mit eingerolltem Rand, später oft trichterförmig, orangerote, konzentrische Flecken auf grausilbrigem Untergrund, Farbe im Alter verblassend
Lamellen:	orange, am Stiel herablaufend, brüchig
Stiel:	kurz, hohl, orange- bis ziegelrot, manchmal grünlich
Fleisch:	weiß, brüchig, **an Schnittstellen einen charakteristischen orangen Saft absondernd**
Vorkommen:	unter Kiefern, gern gesellig in Waldrändern auf Wiesen
Verwechslung:	mit dem Milchling, der beim Anschnitt aber einen milchig weißen Saft absondert, mit dem Fichtenblutreizker, der am Hut meist grünliche Töne und nicht den grausilbrigen Hutbereich aufweist, etwas bitter schmeckt und dessen Saft sich langsam weinrot färbt

Reizker wachsen gern auf Magerwiesen.

Konzentrische, ringförmige Hutmaserung

9. Parasol (Riesenschirmling)

Ein großer, wohlschmeckender Lamellenpilz

Es stehen stolz die leckeren Riesen
Auf Lichtungen in Wald und Wiesen.
Von Ferne kannst du sie schon sehn,
Weil groß sie sind und wunderschön.
Der flache Hut wird fein paniert
Und wie ein Schnitzel dann serviert.

Hut:	hell mit dunklen Schuppen, jung kugelig, später wie ein Regenschirm ausgebreitet, mit braunem Buckel
Lamellen:	**jung hell aber nicht ganz weiß**, später bräunlich, meist gut und klar ausgeprägt
Stiel:	bräunlich, an der Basis knollig, hohl**, mit einem beweglichen und leicht abtrennbaren Ring,**
Fleisch:	bleibt bei Verletzung weiß, Stielfleisch faserig, bei ausgewachsenen Exemplaren nur Hut und Ring als Speisepilz empfehlenswert
Vorkommen:	in lichten Waldrandstellen und Magerwiesen
Verwechslung:	sehr gering: **auf Beweglichkeit des Rings achten!**

Parasolpilze verschiedenen Alters

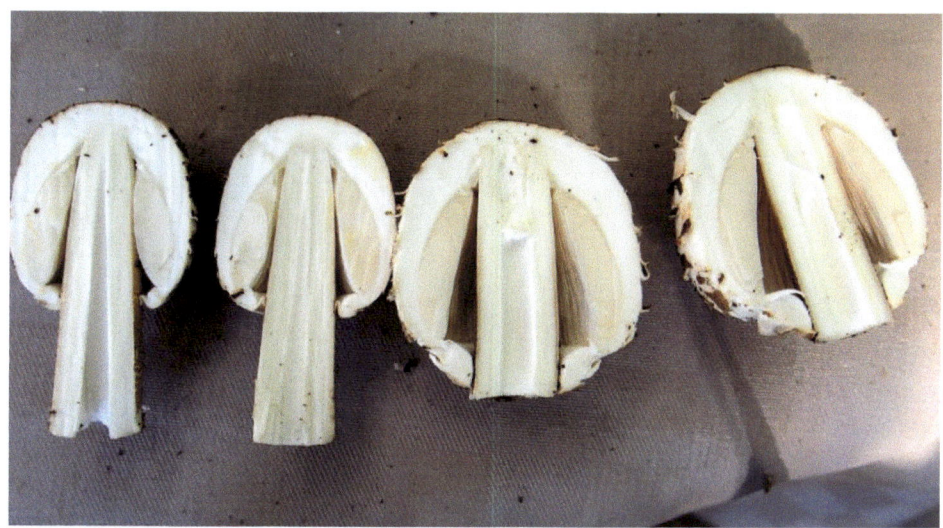

Junge Parasolpilze geteilt: Helle, aber nie ganz weiße Lamellen, Stiele hohl

Typische Hutoberseite mit dunklen Schuppen, die sich im Zentrum
verdichten

Sehr regelmäßige Ausbildung der Lamellen,
die nicht quervernetzt sind.

Junge Parasolpilze als Wegelagerer

10. Schopftintling

Nur junge, noch geschlossene Exemplare sind appetitlich

Sehr oft in Gruppen stehen die Schöpfe
Und strecken ihre schupp'gen Köpfe
Aus Wegrand oder Wiesengras.
Doch später werden Schöpfe Glocken
Und können Mücken nur noch locken,
Denn ihr Verzehr macht keinen Spaß.
Die Tinte läuft dann schwarz vom Hutrand
Und du hältst gern vom Verzehr Abstand.

<u>Hut:</u>	weiß mit hellen, **abstehenden Schuppen,** jung gestreckt eiförmig, später glockenförmig, am Rand dunkel zerfließend und wie Tinte abtropfend
<u>Lamellen:</u>	jung weiß und vom Hut verdeckt, später von Rosa in Schwarz übergehend, meist gut und klar ausgeprägt
<u>Stiel:</u>	weiß, hohl und längsfaserig, mit losem, schnell abfallendem, häutigem Ring
<u>Fleisch:</u>	weiß, dünn und zart
<u>Vorkommen:</u>	in lichten Waldrandstellen, an Wegrändern, oft in Gruppen

<u>Verwechslung</u>: mit anderen Tintlingen: auf die **weiße Farbe und**
das Vorhandensein von Schuppen achten!
Nur junge, reinweiße Exemplare verzehren!

Hier eine Gruppe mittelalter Schopftintlinge

Gut erkennbar: Der dunkle, tintig abtropfende Hutrand
bei einem älteren Exemplar

Weitere Speisepilze

Manche tragen einen Stoppelbart.
Andere sind rund, fußballgroß und zart.
Weitere sehen aus wie Schwämme oder fette Hennen
Darum beliebt man sich, sie auch so zu nennen.

11. Semmelstoppelpilz

In unseren Wäldern wächst er oft zusammen mit seinem
deutlich kleineren, rotgelben Bruder, der ebenfalls essbar ist.

Sein Hut schützt hier nicht Röhren
Und auch Lamellen würden stören.
Dichte Stoppeln stattdessen
Sagen dir: Den kann man essen.
Die Semmelfarbe - kann man getrost wohl sagen —
Hat maßgeblich zu seinem Namen beigetragen.

Jung und frisch
Kann er auf den Tisch.
Ist er größer und alt
Lass ihn im Wald,
denn er wird bitter recht bald.

Hut: blass gelblich bis fast weiß, glatte Oberfläche,
              eingerollter, oft sehr unregelmäßiger Rand
Stoppeln: **brüchig, dicht und ähnlich gefärbt wie der Hut,**
Stiel: meist kurz und selten zentral stehend, oft etwas heller
              gefärbt als der Hut, an Druckstellen dunkler werdend
Fleisch: fast weiß, fest und brüchig, im Alter zäh werdend
Vorkommen: in Laubwäldern, gerne an Waldwegböschungen
Verwechslung: mit dem rotgelben Stoppelpilz, der kleiner, rötlich
              gefärbt und ebenfalls essbar ist

Ein Vergleich mit den kleineren rotgelben Stoppelpilzen (rechts)

Die Stoppeln des Semmelstoppelpilzes in Vergrößerung
Die Wolkenkratzer von New York City sind ein Dreck dagegen!

12. Riesenbovist

In Scheiben geschnitten, paniert und gebraten ein guter Speisepilz.
Das Fleisch muss aber noch weiß und fest sein!

<u>Fruchtkörper:</u>	**weiße Riesenkugel,** später ins Grüngelbe bis Rotbraune übergehend, manchmal bis zur Größe eines Fußballs oder noch größer
<u>Fleisch:</u>	jung weiß und fest, später flockig-weich und ins Grünbraune übergehend und nicht mehr genießbar
<u>Außenhaut:</u>	glatt, weiß, wird bei alten Pilzen spröde, zerbricht und gibt die Sporen als feines, olivgrünes, rauchendes Pulver frei, ähnlich den kleineren Verwandten, den Zwergbovisten und den Stäublingen
<u>Vorkommen:</u>	auf Weidewiesen und lichten Auen,
<u>Verwechslung:</u>	keine Verwechslungsgefahr, alle anderen Boviste hierzulande sind wesentlich kleiner

Scheiben eines frischen Exemplars

Alter Riesenbovist mit abgeblätterter Außenhaut, die Sporen freigebend

13. Krause Glucke

Ein sehr guter, knackiger Speisepilz.

Verästelt und mühsam zu putzen,
In der Pfanne gegart von großem Nutzen,
Schmeckt würzig, knackig und fein
Besser können Pilze kaum sein!
Im Alter aber etwas bitter und braun,
Zäh und etwas schwer zu verdau'n.

<u>Fruchtkörper:</u>	badeschwammähnlich, aus krausen, relativ steifen, **brüchigen Blättchen** zusammengesetzt, gelblich bis blass fleischfarben, schließt oft Bodenreste, Moose und Baumnadeln ein
<u>Stiel:</u>	nur ansatzweise an der Basis, Strunk ähnlich vorhanden, meist im Erdreich steckend, fest und zäh

<u>Vorkommen:</u>	hauptsächlich an Kiefernstämmen, frischen oder abgestorbenen
<u>Verwechslung:</u>	mit Korallenpilzen, die **aber rundliche Ästchen** haben und nicht bandartig enden

Kleinere Krause Glucken an einem Kiefernbaumstumpf

Zum Vergleich die Steife Koralle(ungenießbar!)

Solche Funde reichen als Mahlzeit für eine ganze Familie.
Bei manchen Exemplaren ist die Bezeichnung „Fette Henne", wie die
Krause Glucke auch genannt wird, mehr als naheliegend!

Bilder von weiteren Pilzen
Die meisten nicht essbar,
einige sogar leicht giftig oder unverträglich,
die meisten aber schön oder selten!

Ein prächtiger Zunderschwamm und mein Hut der Größe 60

Keulenpilze wollen hoch hinaus

Trameten umschließen einen Lärchenzweig

Glimmer-Tintlinge kuscheln sich aneinander.

Trompetenpfifferlinge und Grubenlorcheln?

Goldfell-Schüpplinge sprießen aus einem Buchenstumpf.

Goldgelber Zitterling

Hutoberfläche eines Fliegenpilzes

Ein Lila Dickfuß

Kupferroter Lackporling oder Zinnoberschwamm?

Nebelgraue Trichterlinge an einem nebelgrauen Novembertag

Kartoffelbovist, auch wenn er herzig aussieht,
essen sollte man ihn nicht!

Diese Schmetterlingstrameten fliegen nicht davon.

Der Zitterzahn mit der Konsistenz eines Gummibärchens

Herbstlorcheln, trefflich auch Bischofsmützen genannt

Der. Perlpilz kann leicht mit dem giftigen Pantherpilz verwechselt werden.

Igelstäublinge mit ausgeprägten Stacheln

Ein Samtfußkrempling mit seiner weichen Pfote

Fichtenporlinge vernaschen einen Birkenstamm

Vor kurzem aus Australien zu uns gezogen: Der Tintenfischpilz

Strubbelkopf-Röhrling, der Name sagt alles.

Ein Steinpilz platzt aus allen Nähten

Ein Schirmling gibt jungen Pfifferlingen Sonnenschutz.

Ein Steinpilzdorf, das Sammlerherzen höherschlagen lässt!

Ein Baumstumpf brütet einen Steinpilz aus.

Ein Erdstern geht auf

Grüner Knollenblätterpilz: Der Giftigste in unseren Wäldern

Riesenporling und Schweizer Messer zum Größenvergleich

Zart und dicht gedrängt

Im Gras ein kleiner „Sonnenschirmpilz"

Trompetenpfifferlinge und ein Vierklee

Wunderschön ist

die Welt

der (ca. 100.000) Pilze!